U0561189

跃龙门

武

兵道奇谋

韩信

鲤跃 编著
张文 绘

黑龙江少年儿童出版社

图书在版编目（CIP）数据

兵道奇谋：韩信 / 鲤跃编著；张文绘. -- 哈尔滨：黑龙江少年儿童出版社，2025. 2. --（跃龙门）.
ISBN 978-7-5319-8906-6

Ⅰ.K825.2-49

中国国家版本馆CIP数据核字第2024BM3770号

跃龙门　兵道奇谋 韩信
YUE LONGMEN　BINGDAO QIMOU HAN XIN

鲤跃 编著　张文 绘

出 版 人	薛方闻
项目统筹	李　昶
责任编辑	张小宁
总 策 划	宋玉山　黎　雨
创意策划	王子昂　王智鹏
文字统筹	王正义
插画团队	阿　助　文刀荔　张　文　乖小兽
美术统筹	AyaBird
排版设计	杨晓康
书法创作	王正义
出　　品	鲤跃文化
出　　版	黑龙江少年儿童出版社
地　　址	哈尔滨市南岗区宣庆小区8号楼
邮　　编	150090
电　　话	0451-82314647
网　　址	www.lsbook.com.cn
印　　装	三河市少明印务有限公司
发　　行	全国新华书店
开　　本	787 mm×1092 mm　1/16
印　　张	4.5
字　　数	80千
版　　次	2025年2月第1版
印　　次	2025年2月第1次印刷
书　　号	ISBN 978-7-5319-8906-6
定　　价	48.00元

【版权所有，请勿翻印、转载】

序言

　　昔有小鲤名锦,志在龙门,欲化龙飞。云之巅,有祖龙名瑞,守中华千载时光之河,刻风流人物于河畔峭壁之上,以龙鳞点睛,时光不尽,传承不息。然华夏大地英杰辈出,鳞尽而史未绝。锦鲤受命,寻史访古,以续龙鳞,瑞龙则守壁期盼,待故事归来。

　　今有绘本《跃龙门》四十八卷,随锦鲤之行,绘先人之姿。卷卷所载,或千古文风,或百技之长,或武卫疆土,或谋定安邦,皆以锦鲤之察,耀历史之辉。然长空瀚海,云谲波诡;斯人往事,众说纷纭。虽有莫衷一是,绝无异想天开。愿以此书,引诸位小友逆流而上,同游史海,领略古人风采,铭记历史之重,终随锦鲤,一跃成龙!

——鲤跃

画家寄语

作为绘手，能够为韩信绘就他一生波澜壮阔的画卷，何其有幸，又何其困难！

胯下之辱时，我要把坚韧刻在他低下的面庞上；

萧何追逐时，我要把自信挥洒在飞扬的尘烟里；

暗度陈仓时，我要把智慧灌注在蜀中的栈道下；

十面埋伏时，我要把骄傲融入在凄凉的楚歌中……

希望这册绘本，能够得到大家的喜爱，也希望我的点点笔墨，能够不负其『兵仙』之名。

目录

1. 英雄何必问出处 /2
2. 征途坎坷遇伯乐 /8
3. 洪荒之力灭诸国 /20
4. 心生嫌隙留祸根 /34
5. 十面埋伏奏楚歌 /44
6. 成也萧何，败也萧何 /54

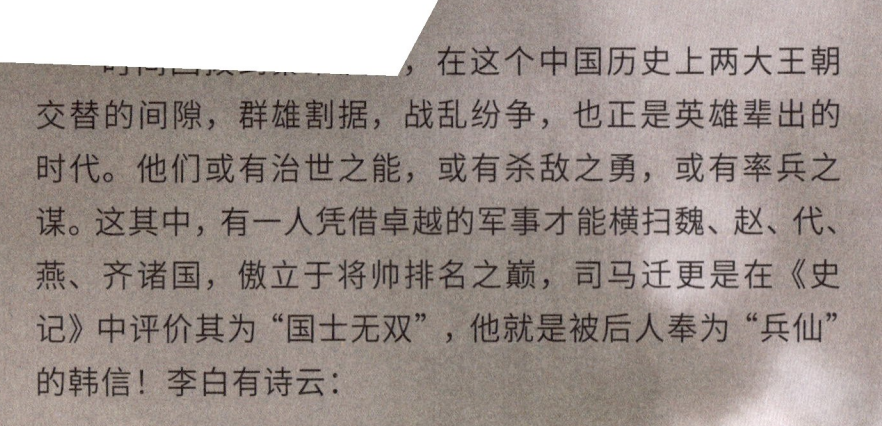

……，在这个中国历史上两大王朝交替的间隙,群雄割据,战乱纷争,也正是英雄辈出的时代。他们或有治世之能,或有杀敌之勇,或有率兵之谋。这其中,有一人凭借卓越的军事才能横扫魏、赵、代、燕、齐诸国,傲立于将帅排名之巅,司马迁更是在《史记》中评价其为"国士无双",他就是被后人奉为"兵仙"的韩信!李白有诗云:

韩信在淮阴,少年相欺凌。
屈体若无骨,壮心有所凭。
一遭龙颜君,啸咤从此兴。
千金答漂母,万古共嗟称。

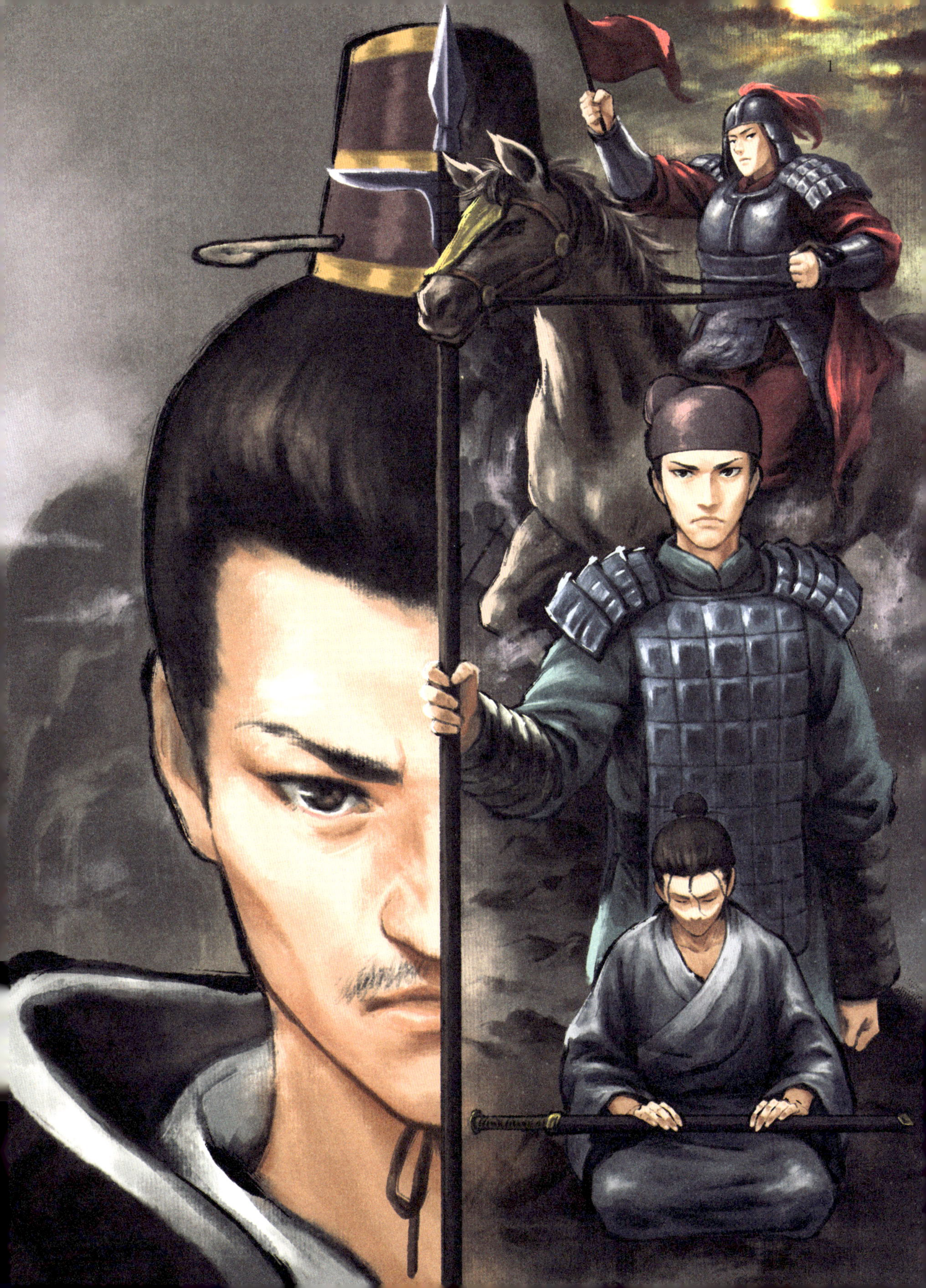

英雄何必问

1

韩信虽然在历史上赫赫有名，但身世始终是个迷。我们只能确定他的故事始于淮阴。因为自幼家穷，韩信经常要靠蹭吃蹭喝度日，久而久之邻里乡亲颇有微词。这样的生活，让他从小养成了谨小慎微、审时度势的性格。然而更加不幸的是，他的母亲早早地离开了人世，这对于他来说，犹如晴天霹雳。韩信跪在母亲坟前发誓立志，一定要出人头地，光宗耀祖。

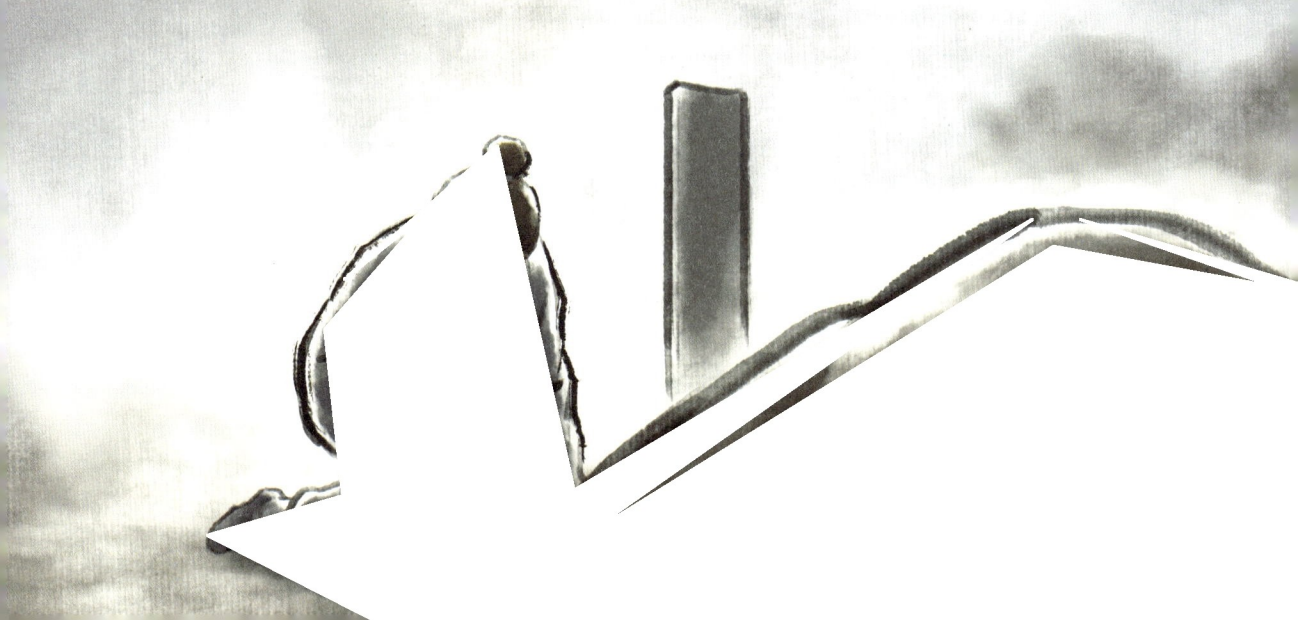

生活的窘迫，带来的不仅是身体的折磨，还有尊严的践踏。有一段时间，韩信经常去南昌亭的亭长家蹭饭。亭长是负责周围十里范围治安的小官，多养个人没有压力。但后来，亭长的妻子不耐烦了，一天早上，她提前把饭吃光，韩信登门时发现无饭可吃，就知道自己被讨厌了，于是再未去过亭长家。

饥肠辘辘的韩信只能去河边捞鱼，有一位洗丝棉的老婆婆见他可怜，于是每天特意多带些干粮给他。韩信感激地对老婆婆说："等我发达了，一定会报答您的。"老婆婆说："你一个大男人连自己都养活不了，还说什么报答！我是可怜你才给你饭吃，并非图报答。"

经常蹭饭的韩信一直被当地人看不起。有一次，一个屠户拦住他说："你长得人高马大，还带把剑，有种就拔剑跟俺过两招；如果怕死，就从俺胯下爬过去。"韩信打量了屠户一番，并不辩解，而是趴在地上，从屠户裆下钻了过去。满街的人都嘲笑他胆小如鼠，成不了大器。而韩信只是默默地站起转身离开，但他心中的志向之火正在熊熊燃烧。这就是著名典故"胯下之辱"的由来。

韩信就这样一直隐忍着,他不想成为老婆婆口中养活不了自己的男人,也不想让那胯下之耻成为他一生的标签,他在等,在等一个机会,一个欣赏他的人,一个可以让他尽情施展才华的舞台。秦二世元年(公元前209年)秋,陈胜、吴广在大泽乡揭竿而起,天下大乱,他要的机会来了!

2 征途坎坷遇

满怀志向的韩信先是投奔了楚将项梁,但未被重用。一年后,项梁战死,其侄子项羽虽然任命韩信为郎中(顾问),但也未采纳过他的任何建议。于是,失望的韩信转投了汉王刘邦。可到了这里,他不仅依然被轻视,还意外犯了死罪。行刑前,以为必死的韩信愤怒地将心中的苦闷大声喊了出来,质问为何要杀他这样的人才?监斩官夏侯婴见他器宇不凡,就向刘邦上书举荐。刘邦听闻后,就派了他去管理粮饷。这一次,韩信选择从小事做起,为了防止粮食腐败变质,他在粮仓前后各开一门,新粮前门入,旧粮后门出,成语"推陈出新"就由此而来。

此后，韩信的才能逐渐显露出来，第一个关注他的是谋士萧何。二人多次就天下局势进行讨论，萧何欣赏他的谋略，于是多次向刘邦举荐，但刘邦一直没当回事。后来，刘邦的势力向偏远的南郑转移，很多将领觉得跟着刘邦没有未来，纷纷选择离开。韩信见此情形，也跟着一走了之了。萧何听说后，顾不上禀报刘邦，快马去追赶韩信。刘邦以为萧何逃跑，不禁大怒。

两天后，萧何才带着韩信回来，刘邦既生气又高兴地问："我待你不薄，为什么要走？"萧何说："我去追韩信了。"刘邦疑惑地问："目前已经跑了好几十个将领，怎么没见你去追？"萧何回答："韩信是独一无二的人才，如果大王想争霸天下，必须要留下他，最好能让他当大将军！"

刘邦虽然疑虑，但也勉强答应了萧何，还按照萧何的意思，选了良辰吉日，册封韩信，这突然天降的大将军，让全军上下都大吃一惊。对于韩信的才能，刘邦始终持怀疑态度，于是，他打算探探他的虚实。一天，刘邦召见韩信："请教大将军，你对现在的形势有什么看法？"韩信毫不客气地反问："现在同大王争夺天下的是项羽，论军队实力，大王觉得谁强？"刘邦沉默良久，十分不情愿地承认项羽强。

韩信又说:"我曾在项王帐下行事,他虽勇武过人,但不任用贤臣良将;他虽待人温和,但却不兑现封赏承诺;他定都彭城,违背了当初与义帝的约定;他封亲信为王,其他诸侯对此愤愤不平;凡其军队所过之处,无不遭到屠杀破坏,他已失民心。大王您选贤用能,何愁敌人不灭?您分封天下,何愁将士不服?您率领英勇又敌视项王的百姓和士兵,何愁大战不胜?"

韩信接着说:"雍王章邯、翟王董翳、塞王司马欣本是秦将,却投降项羽,害得二十多万秦军被项羽坑杀,秦人对他们恨之入骨。而您入武关时,秋毫不犯,又与秦民约法三章,废除了苛酷的刑法。秦国百姓无不希望您能在关中称王,若大王起兵攻占三秦,简直易如反掌。"

刘邦听完韩信的分析后，十分高兴，恨不得当场兵伐项羽。虽然他也知道争夺天下绝非易事，但他还是因韩信这一番高论而热血沸腾，信心满满，只恨自己当初不重视韩信。于是，刘邦当即采纳韩信的谋略，给将领布置任务，确定各自的攻击目标。

刘邦在韩信的建议下派人大张旗鼓修复之前被烧毁的栈道，把章邯、董翳、司马欣的注意力引向秦岭东段。然后私下却绕远路西出故道，迂回突袭陈仓（今陕西宝鸡金台区陈仓镇代家湾村），攻击雍王章邯。章邯军队在陈仓迎击刘邦时兵败逃走。而后，章邯在好畤县（今陕西宝鸡乾县好畤村）重整部队，再战再败，最终逃到废丘县（今陕西兴平）才保住性命。这就是历史上有名的"明修栈道，暗渡陈仓"。

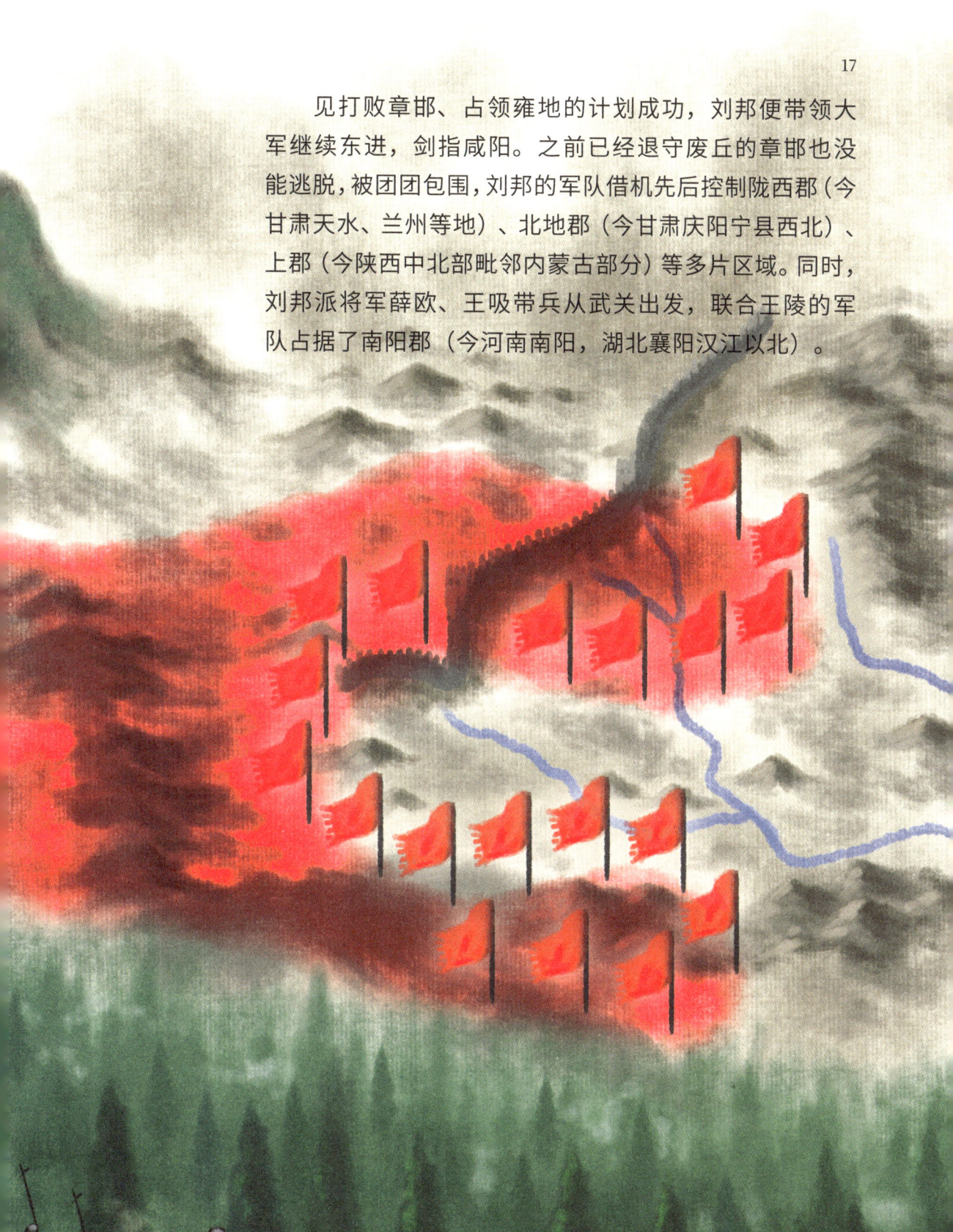

见打败章邯、占领雍地的计划成功，刘邦便带领大军继续东进，剑指咸阳。之前已经退守废丘的章邯也没能逃脱，被团团包围，刘邦的军队借机先后控制陇西郡（今甘肃天水、兰州等地）、北地郡（今甘肃庆阳宁县西北）、上郡（今陕西中北部毗邻内蒙古部分）等多片区域。同时，刘邦派将军薛欧、王吸带兵从武关出发，联合王陵的军队占据了南阳郡（今河南南阳，湖北襄阳汉江以北）。

薛欧、王吸还有另一个秘密任务：去沛县（今江苏徐州沛县）接刘邦的父亲刘太公和夫人吕雉，可惜被项羽的手下阻截在阳夏（今河南太康）。项羽册封原吴县县令郑昌为韩王，让他抵挡汉军，遏制刘邦，但仅仅一年时间，汉军就成功突破封锁。刘邦不仅策反魏王魏豹、河南王申阳、韩王郑昌、殷王司马卬，还联合齐王田荣、赵王赵歇组成联军，共计五十六万，讨伐项羽。

虽然刘邦的联军有人数的优势，还占据了彭城（今江苏徐州）的地利。但楚军依靠项羽果决的指挥和身先士卒的榜样作用，仅仅半日之内就将联军打得七零八落，主力全歼。战败的刘邦抱头鼠窜，逃命时为了减轻马车的重量，他几次将儿女推下马车（又被车夫夏侯婴捡回）。危难关头，韩信站了出来，他聚拢了溃散的人马，与刘邦在荥（xíng）阳会合，又带兵在京邑和索邑之间阻挡楚军，使得刘邦暂时摆脱了仓皇逃命的尴尬，得以回到荥阳。

洪荒之力灭诸 3

刘邦大军十去七八，仅剩的魏王魏豹也不消停，他以给母亲探病为由溜回封地，一到家立刻封锁河关，切断汉军退路，还公然派人送信给项羽，双方相约将刘邦围困致死。刘邦被逼无奈，只能派郦食其（lì yì jī）去和魏豹谈条件，但魏豹油盐不进。就这样僵持了两个月后，无奈的刘邦只能任命韩信为左丞相，让他带兵攻打魏豹。

魏豹没把草根出身的韩信放在心上，他将重兵布置在蒲坂（今河南永济），继续封锁河关。韩信则故意让手下多扎帐篷，多插旗帜，摆出要用大部队强攻河关的姿态，私下却让高邑等带着小股精锐用木盆、木桶代替船只从夏阳渡河，偷袭魏豹的大本营安邑。魏豹为自保迎击韩信，兵败后被韩信生擒。

魏国后，韩信推断楚国刚刚大胜，得意忘形，肯定疏于防范。此时〔是〕攻取燕、赵、齐的最佳时机，更能以此为跳板向南进攻，断绝楚国的粮道。刘邦毫不犹豫同意了韩信的要求，并派张耳辅助他。韩信仅用不到一个月的时间攻破代国，在阏（è）与（今山西和顺）抓到代国丞相夏说（yuè）。同时，他远程指挥曹参把赵国的戚将军围困在邬县（今山西省介休连福镇邬城店村），不甘心被围的戚将军最终在突围时战死。令人意想不到的是，韩信这边刚刚取得战果，刘邦那边突然就以荥阳前线吃紧为由，调走所有精锐部队。

明显被刘邦针对了的韩信没有任何办法,只能无奈地带着张耳和几万普通士兵继续东进赵国。赵王赵歇手下的谋士李左车认为,韩信远道来袭,粮草是重中之重,而必经之路井陉口狭长拥挤,若派兵翻山走小路,从后方截断韩信的辎重和退路,并让大军在正面建好防御阵线,就可以将韩信困在此处,坐以待毙。李左车的计谋有理有据,但代王陈余认为正义之师不该倚仗奇谋妙策,这样会被其他诸侯耻笑,所以否定了这条妙计。

韩信在得知李左车的计谋后吓出了一身冷汗，如果对方采用此计他必败无疑，但现在的他已经没了后顾之忧。于是，韩信将军队驻扎在距离井陉口三十里的地方，给敌军他想要进攻的错觉。然后半夜派两千名轻骑兵，每人带一面红旗，经小路到山坡上伪装好，并命令他们时刻观察对方军队的动向，只要赵军倾巢而出，他们便乘机迅速冲入赵军营地。

为了保证计谋成功，韩信派一万人作为先头部队，让他们背靠河水排布驻扎，摆出进攻的阵形。赵军见汉军使用这种有进无退的绝阵，都认为韩信根本不懂打仗，大笑着嘲讽他。天亮之后，韩信命人击鼓催促先头部队进攻井陉口。赵军此时根本不把汉军放在眼里，谈笑着出营迎击。

但让赵军没想到的是，双方大战良久都不分胜负。而此时韩信见良机已到，果断让张耳丢弃军鼓和旗帜，退回河边营地。赵军见汉军撤退，果然上当，全部出营穷追不舍。知道没有退路的汉军自然是拼死抵抗，这使得赵军哪怕全军出击也还是无法快速取胜。埋伏在山坡上的汉军轻骑兵见状，立即按计划冲入敌营，拔掉赵军旗帜，换上汉军红旗。

赵军指挥见一时无法打败汉军，就想回营休整后再战，但回头却见军营里插满了汉军红旗，认为汉军已经占领了他们的军营，顿时斗志丧失，溃退逃走。这时汉军主力从后掩杀，与两千轻骑兵两面夹击，彻底击败了赵军。代王陈余死于乱军之中，赵王赵歇被活捉，李左车在韩信的特意"关照"下也被生擒。

韩信在井陉口以少胜多大破赵军，还为我们留下了三个耳熟能详的成语：河边扎营阻敌，是为"背水一战"；拔掉赵国旗帜换为汉军旗帜的做法，是为"拔旗易帜"；第三个成语则与张耳、陈余有关：两人曾是好友，张耳被章邯围困时希望陈余发兵救援，没想到陈余只派五千人撑场面，后来张耳怀疑部下被陈余所杀，二人发生争执，自此结仇，最终陈余死在张耳的大军之下，于是留下了"人心难测"这个成语。

韩信大胜后,将领们请教他,说排兵布阵讲究"右背山陵,左对水泽",保证进退都有余地,但背水建营地还能打胜仗,原因何在?韩信说,兵法中有"陷之死地而后生,置之亡地而后存"之说。因为刘邦给他留下的这些士兵大多没经过训练或体力较差,如果给他们留了后路,肯定都想着逃命。只有放在"死地",方能为自保而拼全力战斗。将领们听完韩信的解释方才恍然大悟。

将领们走后，韩信就立刻去见了被关押的李左车，不但亲自为他松绑，还行了弟子之礼，特意向他求教。李左车推辞说："败军之将，不敢言勇。亡国之臣，不可言智。我哪里有资格和你讨论国家大事？"韩信回道："百里奚在虞国时，虞国灭亡了。等他去了秦国，秦国却成了霸主。并非他在虞国时愚蠢，到秦国后就变聪明了，而是秦国人重用了他。如果之前陈余听从您的计策，那我早成阶下囚了。"

李左车见韩信对自己如此尊重,于是答应为他出谋划策。李左车稍加思索就分析说:"虽然汉军战功卓著,但将士已经非常疲惫,如果继续进攻,被攻者坚守不出,汉军不仅坚持不了多久,还会暴露出弱点。不如按兵不动,犒赏将士,并摆出准备攻打燕国的架势,同时派人去游说燕国,将燕王吓到投降。再以'燕国已经投降'为说辞去劝说其他国家。用兵之道,要先声夺人。"

李左车的一番话说得韩信心服口服，当即依其计行事。燕王臧荼听说韩信灭了好几个国家，早就吓得六神无主。现在见有人来劝降，当即毫不犹豫地开城投降。然后，为了稳定赵国，韩信便请求刘邦立张耳为赵王，刘邦虽然心里不乐意，但迫于压力，也只能勉强同意了。

心生嫌隙留祸

4

韩信和张耳刚在赵国站稳脚跟,项羽就开始频繁派兵渡过黄河骚扰。为了维持稳定,韩信和张耳疲于应对,但让所有人都没想到的是,他们频繁地行军反而安抚、威慑了新领地,使之更加安稳了。而此时的楚军主力还在全力围攻荥阳,想消灭刘邦,被逼无奈的刘邦只能出逃,撤退时,他还在宛县(今河南南阳宛城区)和叶县(今河南平顶山叶县)之间策反了楚国将领英布,并和他一同退守到成皋,可还没等他屁股坐热,楚军就尾随而至。

刘邦再次熟练地弃城,并向东渡过黄河,直奔修武县的张耳军而去。他特意选择清晨到达军营,说自己是汉军使者。此时韩信和张耳还未起床,刘邦直接走进他们的卧室,拿走印信兵符,并用令旗召集将领,调整布防,命令张耳继续留守赵国,任命韩信为相国,让他带着赵国降兵去攻打齐国。

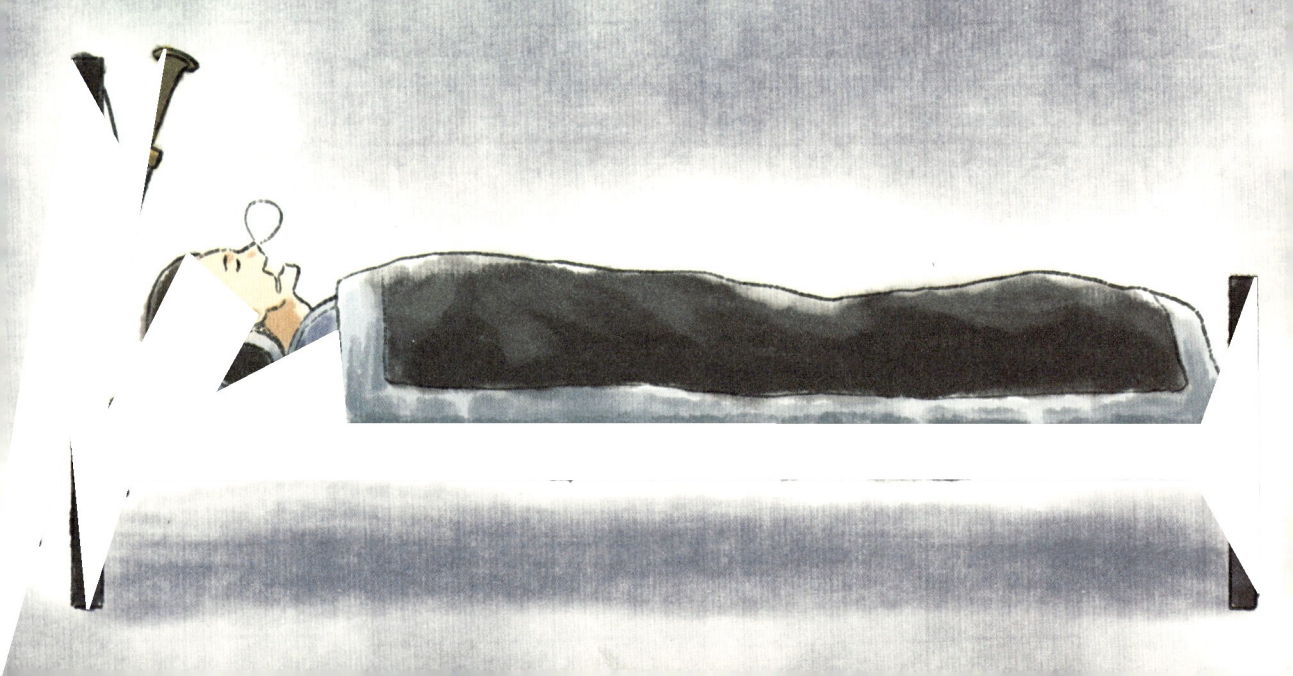

等韩信醒了才知道自己被调任的事,但木已成舟,他也只能寒着心、带着一肚子不满向齐国进发。可没等到达平原渡口,他就听说郦食其已经说服了齐王投降。感觉没仗可打的韩信就准备班师回朝,范阳辩士蒯(kuǎi)彻却劝住了韩信:"您是受命去攻打齐国的,可汉王并未命令您停止进攻。而且郦食其不过是个说客,仅凭三寸之舌就降服了七十多个城邑。而将军您统帅着几万人马,一年多时间才攻占赵国五十多座城邑,您甘心吗?"

韩信听了蒯彻的话，也明白过来，刘邦本来就不信任自己，如果现在自己撤军，刘邦还不一定怎么想呢。于是他就立刻下令继续渡河攻打齐国，而此时齐国已经做好了投降的准备，对汉军毫无戒备。韩信率军轻松击溃了驻扎在历下的齐军，接着顺路打到临淄（今山东淄博临淄区）。齐王田广被韩信的突然袭击搞得又惊又气，认为郦食其劝降有诈，于是命人将其处死。然后，便带着亲信逃往高密，向项羽求救。

项羽立马派大将龙且（jū）率兵支援田广，两人合兵一处，号称有二十万人马，准备以最快的速度击溃韩信。有人向龙且献计说：汉军气势正盛，而齐楚联军之前并无配合，不如以守为攻。同时通知被占领的城池援军已到，提振他们的信心，这样百姓就不会给汉军提供给养，韩信必会不战自败。但龙且根本看不起底层出身的韩信，只希望速战速决。

龙且的部署被韩信看在眼里，他望着奔流的潍水突然计上心头。当夜，汉军制作一万多个沙土袋子，运到潍河上游阻塞河道。第二天天刚亮，韩信率领一半军队蹚过已成浅滩的潍水，对龙且发动突袭。龙且见韩信竟敢不知死活地主动出击，立刻出兵反击。双方一番交战后，韩信诈败撤军，急于求胜的龙且当即率兵紧紧追赶。

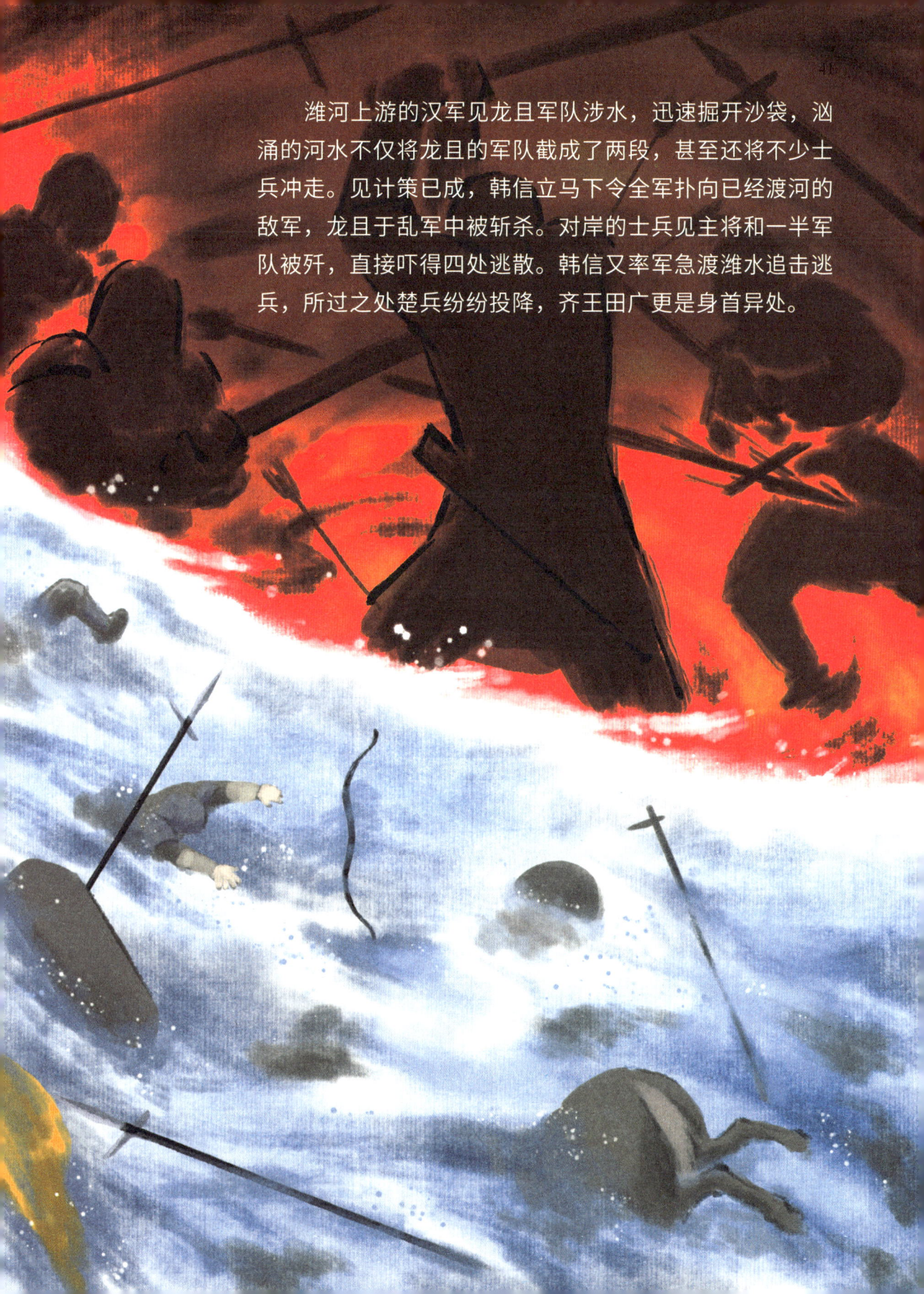

潍河上游的汉军见龙且军队涉水，迅速掘开沙袋，汹涌的河水不仅将龙且的军队截成了两段，甚至还将不少士兵冲走。见计策已成，韩信立马下令全军扑向已经渡河的敌军，龙且于乱军中被斩杀。对岸的士兵见主将和一半军队被歼，直接吓得四处逃散。韩信又率军急渡潍水追击逃兵，所过之处楚兵纷纷投降，齐王田广更是身首异处。

韩信连战连胜后，向刘邦上书，说齐国反复无常，南边与楚国相邻，他希望自己做代理齐王，以保局势安定。刘邦被项羽围困，情势本就危急，看到韩信的请求还以为韩信在威胁自己，气得破口大骂。谋士张良和陈平力劝刘邦，说韩信战功卓著，如拒绝可能会把他推向项羽。刘邦听罢沉吟片刻，最后只能咬牙说："韩信平定诸侯有大功！做什么代理齐王，直接做齐王好了！"

至此，韩信凭借着自己非凡的军事才能，扫清了魏、赵、代、燕、齐诸国，为刘邦日后建立汉朝打下了坚实的基础。接下来，等待他的，就是与楚军项羽的巅峰对决了，成王败寇，在此一役！

十面埋伏奏起

5

刘邦在立韩信为齐王的同时,想让韩信与自己同日攻打楚军。而恰巧此时项羽的使者武涉也来游说韩信,武涉说:楚汉双方的胜败取决于韩信,他支持谁,胜利便属于谁。刘邦多次背信弃义,是卑鄙小人;项羽乃天下豪杰,而且与韩信相识在前。武涉说的虽然在理,但韩信却没给项羽留面子,他不仅当场拒绝,还说自己在项羽那里待了好几年,却毫无用武之地;相反,刘邦非常尊重他,让他掌大将军印,他没有背叛刘邦的理由。武涉无话可说,只好离开。

武涉走后,蒯彻也开始劝韩信:"项羽能征善战,但如今却被阻拦在成皋;汉王虽有大军几十万,以及巩、洛天险,却在荥阳惨败,一逃再逃。双方的智谋和勇武都不足以统一天下。不如您直接举兵与他们三分天下。"韩信却摇头拒绝道:"乘坐他人的车子,就要承载他人的祸患;穿他人的衣裳,就要怀揣他人的忧虑……汉王礼遇我,我怎能背叛他呢?"

蒯彻说，像陈余和张耳那样的好友，到最后都反目成仇，韩信和刘邦之间的关系比他们差远了。如今韩信功高震主，刘邦不会放过他的。韩信自认功勋卓著，刘邦纵使不念旧情，也不会把他这样的功臣怎么样。不过蒯彻的话也还是对韩信产生了影响，他虽然没有倒向项羽或自立为王，但也未配合刘邦出兵。

刘邦率军按照约定的时间，趁着楚军久战疲惫、粮草供应不足的时机，发动突击。但令他大失所望的是，不仅韩信没出兵，提前约好的从梁地南下合围楚军的建成侯彭越也未出兵。刘邦在第一波进攻虽然将楚军击溃，但等楚军稳住阵脚开始反击后，刘邦还是被打得惨败。

韩信和彭越失约把刘邦气得半死,但他也只能将这口怨气硬生生吞了下去,毕竟他还需要这两个人的助力。为了哄两人出兵,刘邦听从张良的建议,将陈县以东至海边的一大片区域封给韩信;封彭越为梁王,将睢阳县(今河南商丘睢阳区、梁园区)以北至谷城的土地封给他。至此,韩信和彭越才勉强接受了刘邦的命令。

为了战胜项羽，韩信制订了名为"十面埋伏"的策略：他带兵从齐国南下，占领楚国国都彭城及周边，兵锋直指楚军侧背；彭越则从梁地西进，压缩楚军的行动空间；刘邦的军队兵分两路，一部分由刘贾和英布率军自下城父（今安徽宿州）出发北上，另一部分由刘邦亲率大军自固陵东进。在三路兵马的围攻下，项羽只能往垓下退兵。

不久，双方在垓下爆发决战。韩信统领的三十万大军分为六个部分，孔聚（cóng）为左翼，陈贺为右翼，刘邦在韩信军队的后方，周勃、柴武在刘邦之后。项羽统领的楚军约十万人。韩信率前锋与项羽交战后佯败撤军。孔聚、陈贺借着项羽军队追韩信的机会从左右两侧夹攻。接着，韩信杀出"回马枪"，联手将楚军包围。

楚军陷入重重包围期间，项羽曾多次率军突围，均无功而返。不久，楚军粮草耗尽，士兵疲惫不堪。某夜，大营四周突然传来楚国故地的民歌声，楚军无比震惊，以为楚国已被汉军灭掉，顿时军心动摇。韩信乘势进攻，楚军几乎被团灭。项羽虽然能够逃出，但感觉无颜面对江东父老，最终自刎而死。

韩信击败项羽后，庆功宴都没来得及开，就被刘邦收走了兵权。不仅将其由齐王改封为楚王，还把之前的大片封地收了回去，改封到了楚地。虽然韩信对于刘邦夺权的行为异常愤怒，但毕竟已经不是第一次了，他多少有了心理准备。而且楚地还是韩信的家乡，即使封地缩水，好歹也算衣锦还乡。

成也萧何，败也

韩信回到楚地后,召见了当年给他饭吃的老婆婆,赏赐其千金;还召见了曾长期供他吃饭的亭长,但仅赏赐区区百钱;当年让韩信从胯下爬过的屠户,则封为尉官,韩信说:"这位壮士当年侮辱我时,我本想杀他,但没有杀他的正当理由,所以我忍了下来,正是这份隐忍成就了我。"韩信在家乡狠狠地打了过去轻视他的人的脸,日子看起来过得很逍遥。

但是危机再现：一是刘邦恨他之前不发兵，二是刘邦忌他在军中的威望太高。刘邦很想对韩信动手，但缺少一个恰当的契机。然而报复的理由出自一个叫钟离眜的人，他本是项羽手下，与韩信是好友，在项羽兵败后投奔韩信。在刘邦的授意下，有人上书控告韩信窝藏项羽旧部，意图谋反。刘邦召集群臣询问对策，大多数将领建议处死韩信，但谋士陈平认为，想处死韩信，其必然造反，不如刘邦假装巡游，抵达楚国附近时召韩信来见，再借机将其擒获。

在刘邦去往楚国的路上时，韩信已经明白了其意图。他陷入左右为难的境地：起兵谋反理由不足；如果去见刘邦，肯定会遭黑手。见韩信为难，就有人提议说："大王，所有的事情都是因钟离眛而起，那就直接杀了他再去见主公，主公就没有为难你的理由了。"韩信感觉这个办法不错，就去找钟离眛。钟离眛知晓其来意后，当即指着他的鼻子大骂了他一通后自刎。韩信带着钟离眛的首级在郊外的道路上迎接刘邦。双方见面后，不等韩信说话，就被人绑了起来。韩信大喊："果然是'狡兔死，走狗烹；飞鸟尽，良弓藏'！"刘邦冷冷地说："有人告你谋反！证据确凿！"

韩信被戴上各种械具，直到跟着刘邦回到洛阳才去掉。刘邦给他定的罪名是"擅发兵"，是指他在楚国时，每天擅自带兵出入。最终刘邦还是赦免了韩信，但借机削去其楚王的封号，改封为彻侯（列侯），封地在韩信故乡淮阴县。韩信深知刘邦忌惮自己，所以常常装病不上朝。韩信一向自视甚高，对于与周勃、灌婴这些在他看来没什么才能的人同为列侯感到羞耻。有一次韩信访樊哙，樊哙不仅行跪拜礼恭迎恭送，还自称臣下，给足了韩信面子。但韩信出门后还是自嘲道："我居然活到了和樊哙为伍的地步！"

即便这样,刘邦还是不放心,经常试探敲打韩信。一次,刘邦突然问韩信:"像我这样的人,能统率多少兵马?"韩信说:"陛下最多能统率十万军队。"刘邦又问:"那你怎么样?"韩信回答说:"自然是多多益善。"刘邦笑着问:"那你为什么被我抓住了呢?"韩信虽然恼怒,但也只能恭维他说:"陛下不善于统领士卒,但善于指挥将领,所以我才会被抓到。"

后来，韩信的弟子陈豨（xī）因才能出众，刘邦让其以列侯身份任职代丞相，去督统赵、代两国的边防部队。他上任前向韩信辞行。韩信拉着他的手，叹息着说："我一直把你视为心腹，有些心里话想跟你谈谈。"陈豨满怀敬仰地说："一切愿听大将军吩咐！"韩信说："你是陛下最信任的臣子。如果有人说你想造反，陛下一定不会相信；但若接二连三被告发，陛下必然会亲自征讨。到时我在京城为你做内应，你肯定能轻松成功。"陈豨对韩信的话深信不疑，连忙说："我一定配合，听从您的指挥！"

汉高帝十年九月（公元前 197 年 9 月）遭刘邦暗查的陈豨发动叛乱，刘邦果然御驾亲征。韩信以生病为由留在京城。等刘邦大军与陈豨的军队对峙时，韩信知道刘邦短时间内没有班师回救的可能。于是就计划趁夜假传诏书赦免各官府服役的罪犯和奴隶，带领他们去袭击吕后和太子。只要成功，韩信就有了人质，刘邦失去大本营，陈豨必然可以轻松取胜。

可任谁都想不到的是，韩信的计划最后会因一个仆人而功亏一篑。原来，韩信的一位仆人因事遭囚禁，仆人的弟弟害怕哥哥被处死，就向吕后告发了韩信的密谋。吕后找来萧何商量对策，二人最终决定让萧何去见韩信，骗他说陈豨已被俘获处死，群臣都要进宫祝贺。萧何是韩信的恩人，韩信对他没有任何怀疑，便与其一起进宫，随后被就地处死在长乐宫的钟室里。韩信临死前悔恨地说："我当初没有采纳蒯彻的计谋，以致现在被妇孺之辈欺骗杀死，天意啊，真是天意啊！"

韩信虽然死了，但事情并未就此结束。吕后害怕韩信的亲属后人再生叛乱，就下令将其三族之内的所有人全部诛杀，彻底将韩信一脉抹除得干干净净。等刘邦平叛回到长安时，见韩信已死，心情很是复杂，大感宽慰的是自己少了一个隐患，略有伤感的是与他的那位"连百万之军，战必胜，攻必取"的韩大将军，永别了。

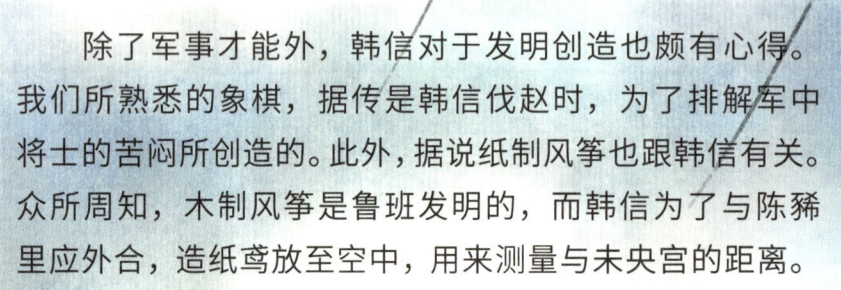

除了军事才能外，韩信对于发明创造也颇有心得。我们所熟悉的象棋，据传是韩信伐赵时，为了排解军中将士的苦闷所创造的。此外，据说纸制风筝也跟韩信有关。众所周知，木制风筝是鲁班发明的，而韩信为了与陈豨里应外合，造纸鸢放至空中，用来测量与未央宫的距离。

韩信的故事至此搁笔。他始于逆境，终于悲情，但留给我们的却是：一位英雄隐忍逆袭、倔强成长、终成大业的精彩一生。那个来自淮阴的孩子，以他的忠诚与才能，最终未能换回童年想要的安全与尊重。是君臣猜忌，还是功高震主？真相不得而知。但后世铭记更多的，是他驰骋沙场的骁勇、运筹帷幄的从容和决胜千里的自信。"兵仙"垂史，国士无双！

韩信　　　　　　　　　　　　　　　　　　孙武